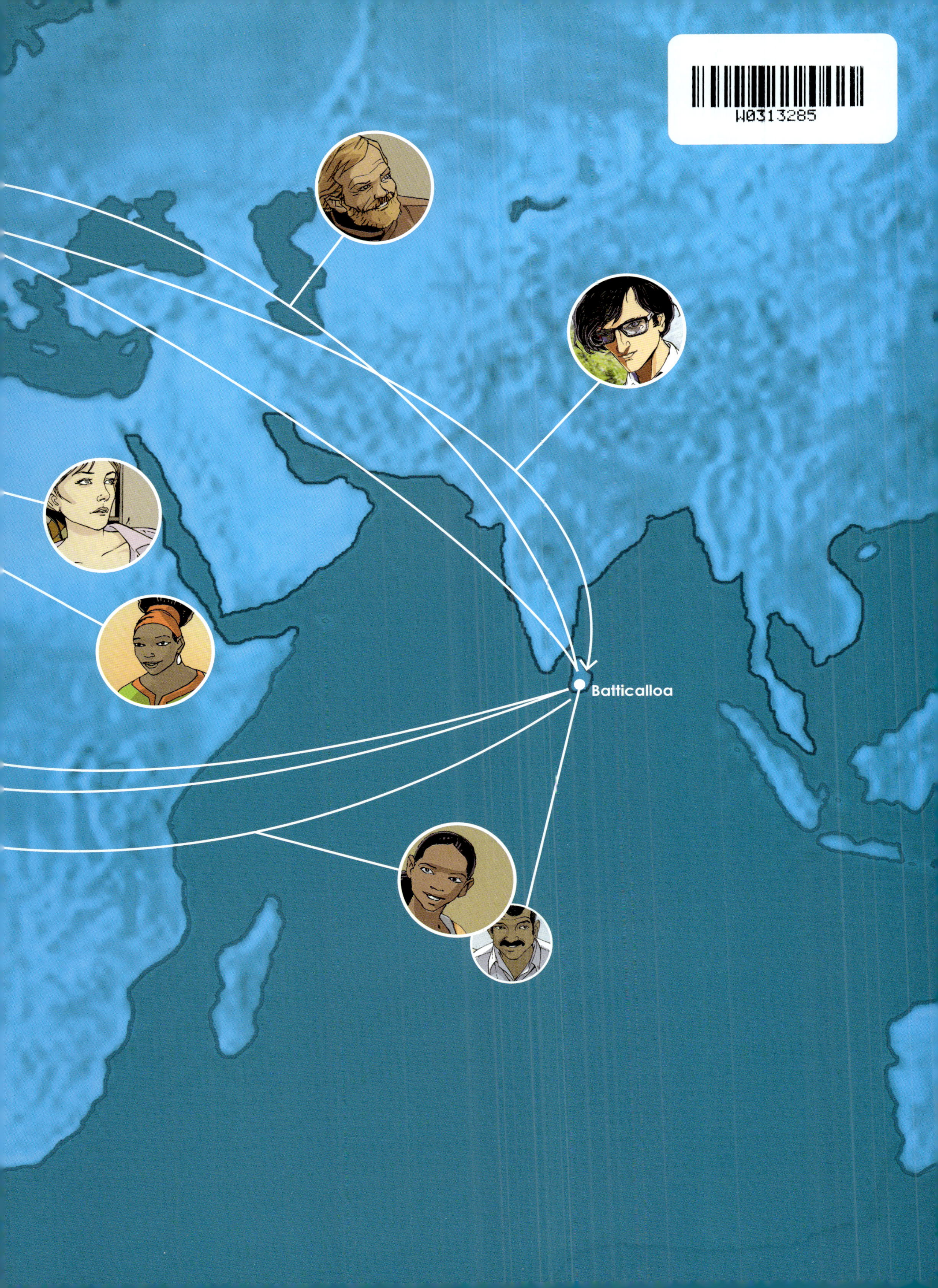
Batticalloa

Vadon

Masioni

AGATHE

Chargée de mission C.I.

Tome 2:

Travailler dans la Coopération Internationale

Dessins et couleurs : **Pat Masioni**
Scénario : **Christophe Vadon**
Lexiques et site : **Bernard Lecomte**, **Dominique Bénard** *et* **Brigitte Rey**

Une enquête à poursuivre sur :
http://www.grad-france.org/html/Pourallerplusloin.html
http://www.grad-suisse.org/html/Pourallerplusloin.html

GRAD-Suisse
Case Postale 5833
CH-1211 Genève 11
grad.ch@fgc.ch
www.grad-suisse.org

GRAD

GRAD-France
228, rue du Manet
F-74130 Bonneville
grad.fr@grad-france.org
www.grad-france.org

DERNIÈRES PRODUCTIONS DU GRAD

Dans la même collection :

Agathe, Agent S.I.
T1 : À la découverte
de la Solidarité Internationale,
par Christophe Vadon & Pat Masioni.

Sur le même thème :

Voyageur, certes ! Solidaire, vraiment ?
Boîte à outils de 50 fiches
de Denis Leplus, Bernard Lecomte,
Joëlle Soret et Christophe Vadon.

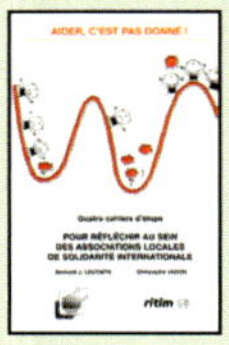

Aider, c'est pas donné !
Quatre cahiers étapes
pour réfléchir au sein des
associations de Solidarité Internationale
de Bernard Lecomte et Christophe Vadon.

D'autres BD :

Des bulles dans la finance :
4 histoires sur le microcrédit,
par Calza, Maret, Mibé, Pet, Roulin et Sen.

Des bulles sur les marchés agricoles :
4 luttes pour la souveraineté alimentaire,
par Eloundou, Pet, Sen et Calza.

Des bulles dans le commerce :
5 histoires sur le commerce équitable,
par Maret, Sen, Calza, Roulin et Mibé.

Cette BD a bénéficié d'un soutien
de la Région Rhône-Alpes.

Nous remercions les personnes qui ont aidé à la réalisation de cette publication, en particulier,
Estelle Despas, Josef Imfeld, Myriam Merlant, Brigitte Rey,
Alain Le Sann et Odile Schmitt.
Pour la mise en page, nous remercions Guillaume Féliu de StoneBundle.com.

Cette publication a été réalisée avec le soutien

de la la Fédération Genevoise
de Coopération & des collectivités
publiques genevoises

et de Terre des Hommes Suisse

Certifié PEFC
La papier ayant servi à l'impression de cette bande dessinée
est issu de forêts gérées durablement et de sources contrôlées
www.pefc.org

PEFC/07-31-184

1ère édition
ISBN 978-2-910222-33-8
Dépôt légal : Novembre 2010
Packaging : StoneBundle.com

LOÏC ET JOHANNA BERTON. JANVIER 2005. CES BRETONS-LÀ ONT CHANGÉ MA VIE! QUEL ENGAGEMENT! ENTRE ARTISANS-PÊCHEURS, ILS SE SONT BIEN TROUVÉS AVEC LES SOYSA.
PHOTO DE FAMILLE. C'EST RARE! MAMAN, TOUJOURS PRÊTE À DONNER, ET PAPA QUI NE RATE PAS UNE OCCASION DE NOUS DÉMONTRER QU' "AIDER, C'EST PAS DONNÉ!" ILS VONT BIEN ENSEMBLE!
FILS D'AMBASSADEUR, MON HÉROS AU GRAND COEUR. CÉDRIC. JE L'AI RENCONTRÉ À MON RETOUR DU SRI LANKA, LUI VOULAIT PARTIR AU BURKINA.
NAFI ET SÉKOU TRAORÉ. À SE DEMANDER CE QU'ILS FONT ENCORE ENSEMBLE!! NAFI EST FAROUCHEMENT INDÉPENDANTE ALORS QUE SÉKOU EST ENCHAÎNÉ À L'AIDE.
LES SOYSA. MES PARENTS AU SRI LANKA. RENCONTRÉS APRÈS LE TSUNAMI, LEUR COURAGE EST À LA HAUTEUR DE LEUR COMBAT POUR LA RECONNAISSANCE DU RÔLE DES FEMMES DANS LE MONDE.
GABRIELA ET YVON. QUEL BEAU COUPLE! ILS SE SONT RENCONTRÉS À FORTALEZA. CONNUS À L'IUED, ILS M'ONT OUVERT LES YEUX SUR LES POSSIBILITÉS D'UNE RELATION D'AIDE ÉQUILIBRÉE.

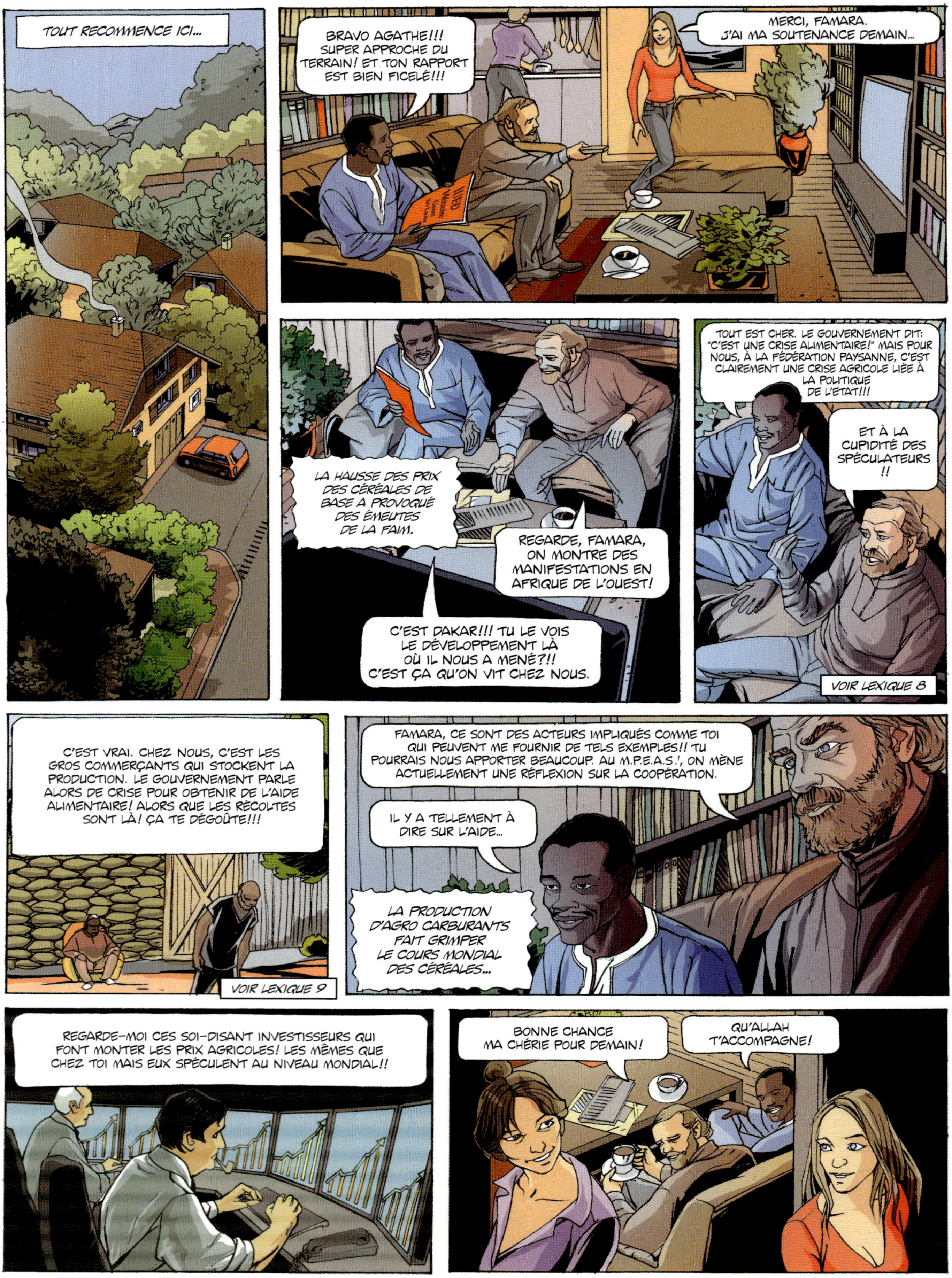

1. MOUVEMENT POUR UNE ECONOMIE ALTERMONDIALISTE ET SOLIDAIRE

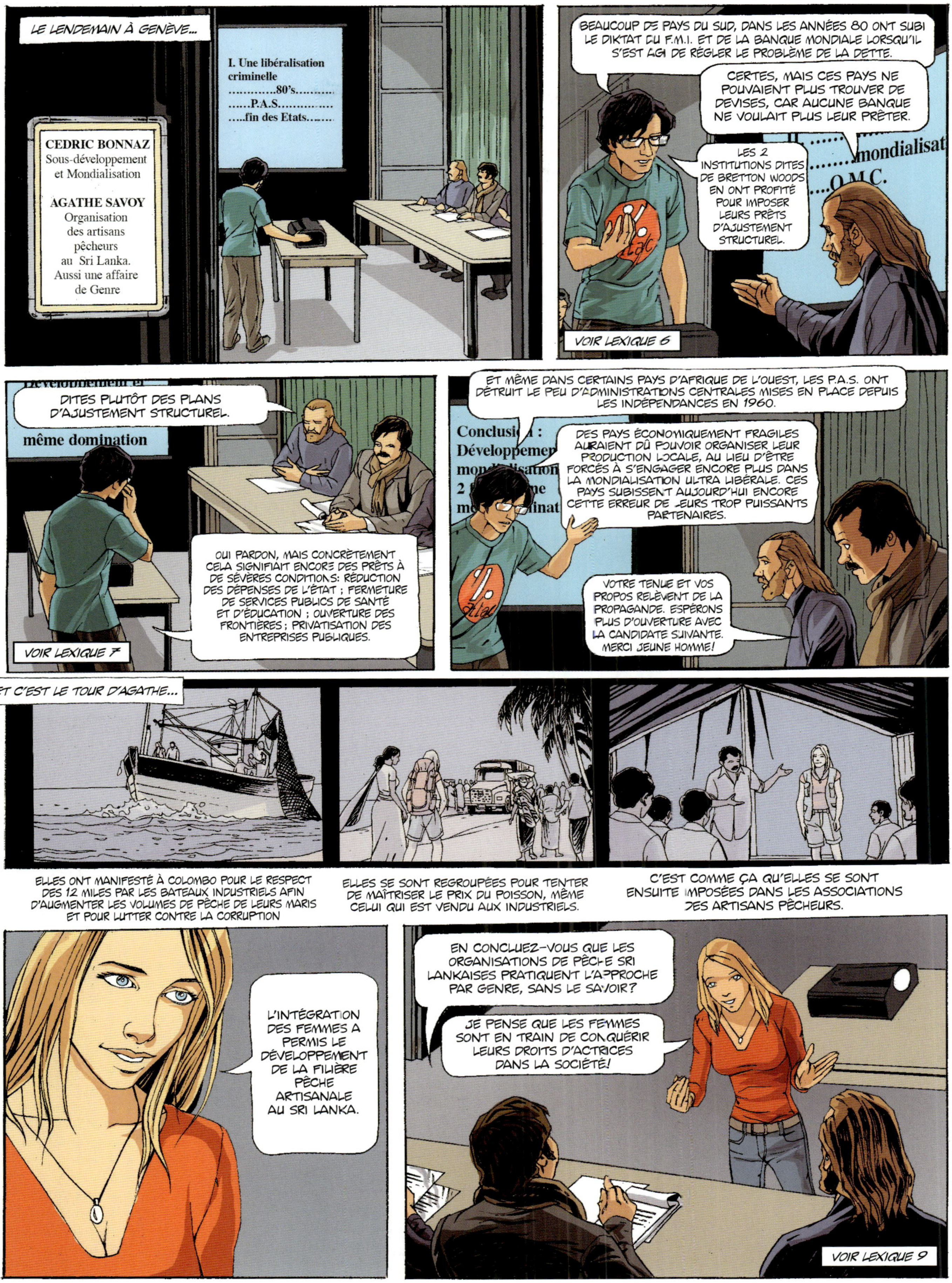

LE LENDEMAIN À GENÈVE...
I. Une libéralisation criminelle
............80's..........
......P.A.S.............
.....fin des Etats........
CEDRIC BONNAZ
Sous-développement et Mondialisation
AGATHE SAVOY
Organisation des artisans pêcheurs au Sri Lanka. Aussi une affaire de Genre
BEAUCOUP DE PAYS DU SUD, DANS LES ANNÉES 80 ONT SUBI LE DIKTAT DU F.M.I. ET DE LA BANQUE MONDIALE LORSQU'IL S'EST AGI DE RÉGLER LE PROBLÈME DE LA DETTE.
CERTES, MAIS CES PAYS NE POUVAIENT PLUS TROUVER DE DEVISES, CAR AUCUNE BANQUE NE VOULAIT PLUS LEUR PRÊTER.
LES 2 INSTITUTIONS DITES DE BRETTON WOODS EN ONT PROFITÉ POUR IMPOSER LEURS PRÊTS D'AJUSTEMENT STRUCTUREL.
II. ....mondialisat
.....O.M.C.
VOIR LEXIQUE 6
DITES PLUTÔT DES PLANS D'AJUSTEMENT STRUCTUREL.
même domination
OUI PARDON, MAIS CONCRÈTEMENT CELA SIGNIFIAIT ENCORE DES PRÊTS À DE SÉVÈRES CONDITIONS: RÉDUCTION DES DÉPENSES DE L'ÉTAT ; FERMETURE DE SERVICES PUBLICS DE SANTÉ ET D'ÉDUCATION ; OUVERTURE DES FRONTIÈRES; PRIVATISATION DES ENTREPRISES PUBLIQUES.
VOIR LEXIQUE 7
ET MÊME DANS CERTAINS PAYS D'AFRIQUE DE L'OUEST, LES P.A.S. ONT DÉTRUIT LE PEU D'ADMINISTRATIONS CENTRALES MISES EN PLACE DEPUIS LES INDÉPENDANCES EN 1960.
DES PAYS ÉCONOMIQUEMENT FRAGILES AURAIENT DÛ POUVOIR ORGANISER LEUR PRODUCTION LOCALE, AU LIEU D'ÊTRE FORCÉS À S'ENGAGER ENCORE PLUS DANS LA MONDIALISATION ULTRA LIBÉRALE. CES PAYS SUBISSENT AUJOURD'HUI ENCORE CETTE ERREUR DE LEURS TROP PUISSANTS PARTENAIRES.
VOTRE TENUE ET VOS PROPOS RELÈVENT DE LA PROPAGANDE. ESPÉRONS PLUS D'OUVERTURE AVEC LA CANDIDATE SUIVANTE. MERCI JEUNE HOMME!
ET C'EST LE TOUR D'AGATHE...
ELLES ONT MANIFESTÉ À COLOMBO POUR LE RESPECT DES 12 MILES PAR LES BATEAUX INDUSTRIELS AFIN D'AUGMENTER LES VOLUMES DE PÊCHE DE LEURS MARIS ET POUR LUTTER CONTRE LA CORRUPTION
ELLES SE SONT REGROUPÉES POUR TENTER DE MAÎTRISER LE PRIX DU POISSON, MÊME CELUI QUI EST VENDU AUX INDUSTRIELS.
C'EST COMME ÇA QU'ELLES SE SONT ENSUITE IMPOSÉES DANS LES ASSOCIATIONS DES ARTISANS PÊCHEURS.
L'INTÉGRATION DES FEMMES A PERMIS LE DÉVELOPPEMENT DE LA FILIÈRE PÊCHE ARTISANALE AU SRI LANKA.
EN CONCLUEZ-VOUS QUE LES ORGANISATIONS DE PÊCHE SRI LANKAISES PRATIQUENT L'APPROCHE PAR GENRE, SANS LE SAVOIR?
JE PENSE QUE LES FEMMES SONT EN TRAIN DE CONQUÉRIR LEURS DROITS D'ACTRICES DANS LA SOCIÉTÉ!
VOIR LEXIQUE 9

LES ÉVÈNEMENTS SE DÉROULANT À FORTALEZA ET EN SUISSE SONT INSPIRÉS
D'UNE EXPÉRIENCE RÉELLE DE CRÈCHE COMMUNAUTAIRE SOUTENUE PAR L'ASSOCIATION TERRE DES HOMMES SUISSE.
CEPENDANT, POUR DES FACILITÉS D'ÉCRITURE, LES PERSONNAGES, LA CHRONOLOGIE DES ÉVÈNEMENTS ONT ÉTÉ MODIFIÉS.

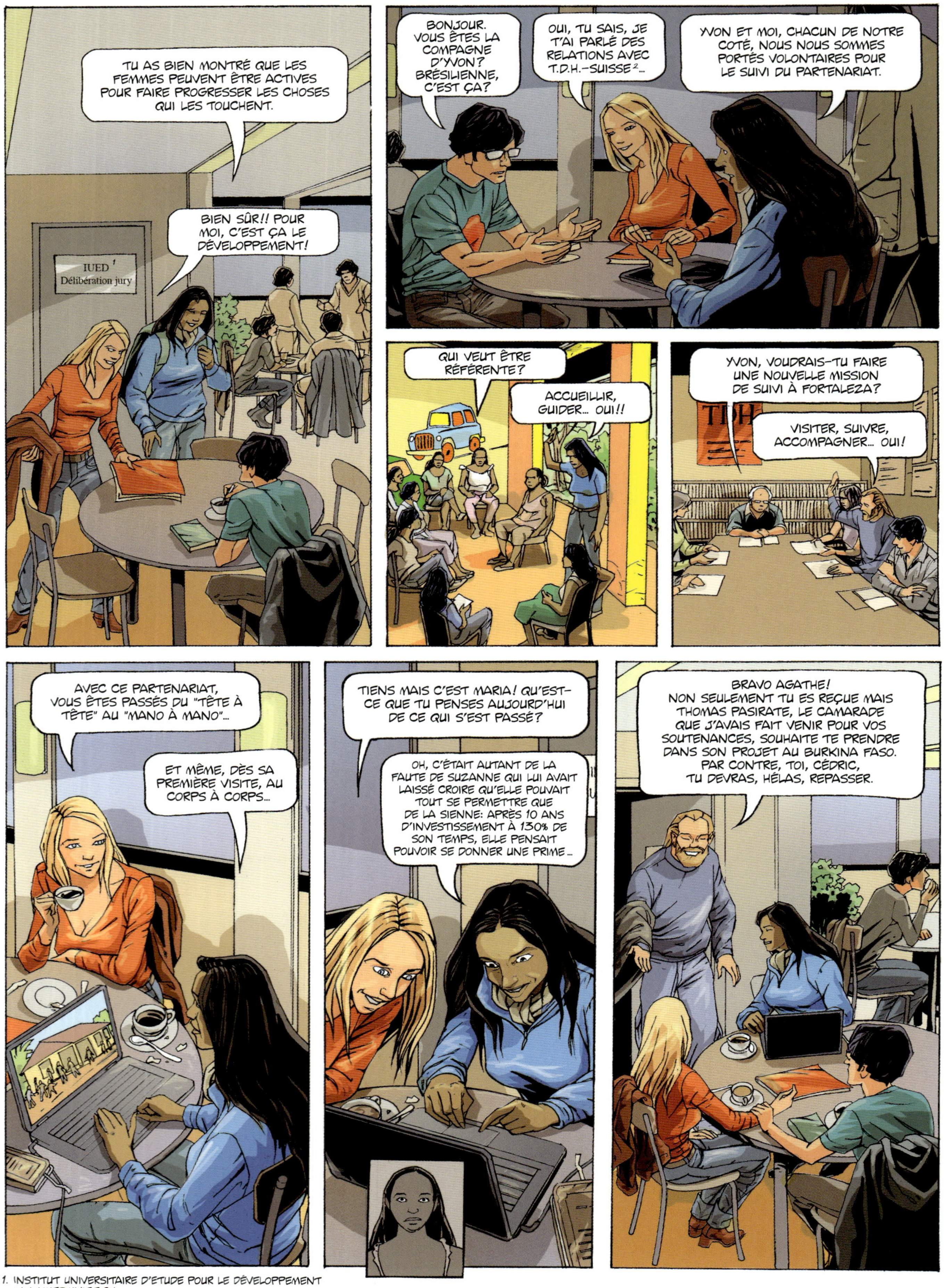

1. INSTITUT UNIVERSITAIRE D'ETUDE POUR LE DÉVELOPPEMENT WWW.IUED.UNIGE.CH
2. TERRE DES HOMMES SUISSE, WWW.TERREDESHOMMESSUISSE.CH

1. BANQUE MONDIALE
2. UNION EUROPÉENNE
3. CLSA : COMITÉ LOCAL DE ST ANDRÉ SUR MER
4. CF. TOME 1
5. JEUNESSE – ENFANCE – SANTÉ. ASSOCIATION DE SOLIDARITÉ INTERNATIONALE D'AIDE À KITOU (CF. TOME 1)

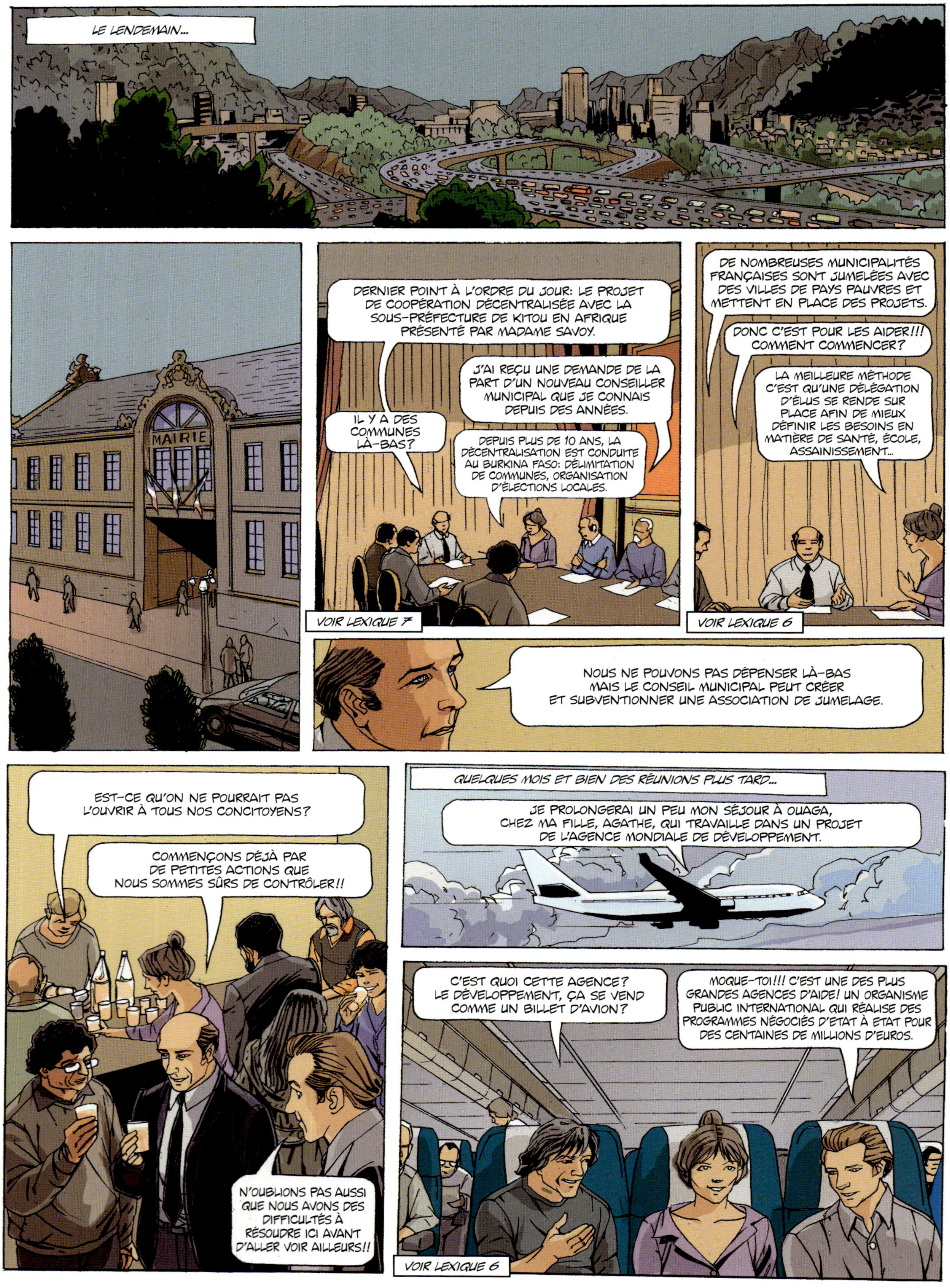
LE LENDEMAIN...
DERNIER POINT À L'ORDRE DU JOUR: LE PROJET DE COOPÉRATION DÉCENTRALISÉE AVEC LA SOUS-PRÉFECTURE DE KITOU EN AFRIQUE PRÉSENTÉ PAR MADAME SAVOY.
J'AI REÇU UNE DEMANDE DE LA PART D'UN NOUVEAU CONSEILLER MUNICIPAL QUE JE CONNAIS DEPUIS DES ANNÉES.
IL Y A DES COMMUNES LÀ-BAS?
DEPUIS PLUS DE 10 ANS, LA DÉCENTRALISATION EST CONDUITE AU BURKINA FASO: DÉLIMITATION DE COMMUNES, ORGANISATION D'ÉLECTIONS LOCALES.
VOIR LEXIQUE 7
DE NOMBREUSES MUNICIPALITÉS FRANÇAISES SONT JUMELÉES AVEC DES VILLES DE PAYS PAUVRES ET METTENT EN PLACE DES PROJETS.
DONC C'EST POUR LES AIDER!!! COMMENT COMMENCER?
LA MEILLEURE MÉTHODE C'EST QU'UNE DÉLÉGATION D'ÉLUS SE RENDE SUR PLACE AFIN DE MIEUX DÉFINIR LES BESOINS EN MATIÈRE DE SANTÉ, ÉCOLE, ASSAINISSEMENT...
VOIR LEXIQUE 6
NOUS NE POUVONS PAS DÉPENSER LÀ-BAS MAIS LE CONSEIL MUNICIPAL PEUT CRÉER ET SUBVENTIONNER UNE ASSOCIATION DE JUMELAGE.
EST-CE QU'ON NE POURRAIT PAS L'OUVRIR À TOUS NOS CONCITOYENS?
COMMENÇONS DÉJÀ PAR DE PETITES ACTIONS QUE NOUS SOMMES SÛRS DE CONTRÔLER!!
N'OUBLIONS PAS AUSSI QUE NOUS AVONS DES DIFFICULTÉS À RÉSOUDRE ICI AVANT D'ALLER VOIR AILLEURS!!
QUELQUES MOIS ET BIEN DES RÉUNIONS PLUS TARD...
JE PROLONGERAI UN PEU MON SÉJOUR À OUAGA, CHEZ MA FILLE, AGATHE, QUI TRAVAILLE DANS UN PROJET DE L'AGENCE MONDIALE DE DÉVELOPPEMENT.
C'EST QUOI CETTE AGENCE? LE DÉVELOPPEMENT, ÇA SE VEND COMME UN BILLET D'AVION?
MOQUE-TOI!!! C'EST UNE DES PLUS GRANDES AGENCES D'AIDE! UN ORGANISME PUBLIC INTERNATIONAL QUI RÉALISE DES PROGRAMMES NÉGOCIÉS D'ETAT À ETAT POUR DES CENTAINES DE MILLIONS D'EUROS.
VOIR LEXIQUE 6

ILS N'ONT PAS ÉTEINT LE RÉACTEUR?
MAIS SI!! BIENVENUE EN AFRIQUE... LA FOURNAISE!!
JE SUIS JULIEN FÉTOU, SUIVEZ-MOI S'IL VOUS PLAÎT...
NE WAANGO
JUMELAGE NOVILLE/KITOU
VOUS FAITES QUOI, JULIEN, ICI?
J'AI UNE TRÈS GRANDE LIBERTÉ D'ACTION: JE PROGRAMME, JE FORME, JE RÉALISE, JE CONTRÔLE...
OUAH!!! VOUS FAITES TOUT!!!
LVDS
ENFIN À KITOU...
JE SUIS L'INFIRMIER. NOUS AVONS ÉTÉ AIDÉS PAR L'ASSOCIATION J.E.S. DE MADAME HÉLÈNE. MAIS IL NOUS FAUDRAIT...
BON! SÉKOU, VOS DEMANDES VOUS LES EXPOSEREZ PLUS TARD. CE QUI MANQUE AVANT TOUT, C'EST UNE SAGE-FEMME, DONC UN SALAIRE. MAIS LES CAISSES DE L'ÉTAT SONT VIDES...
DISPENSAIRE
ECOLE
MAIRIE
MARCHE
DISPENSAIRE
CHAQUE JOUR, LES VISITES S'ENCHAÎNENT... LE TOUR DU PROPRIÉTAIRE, QUOI!

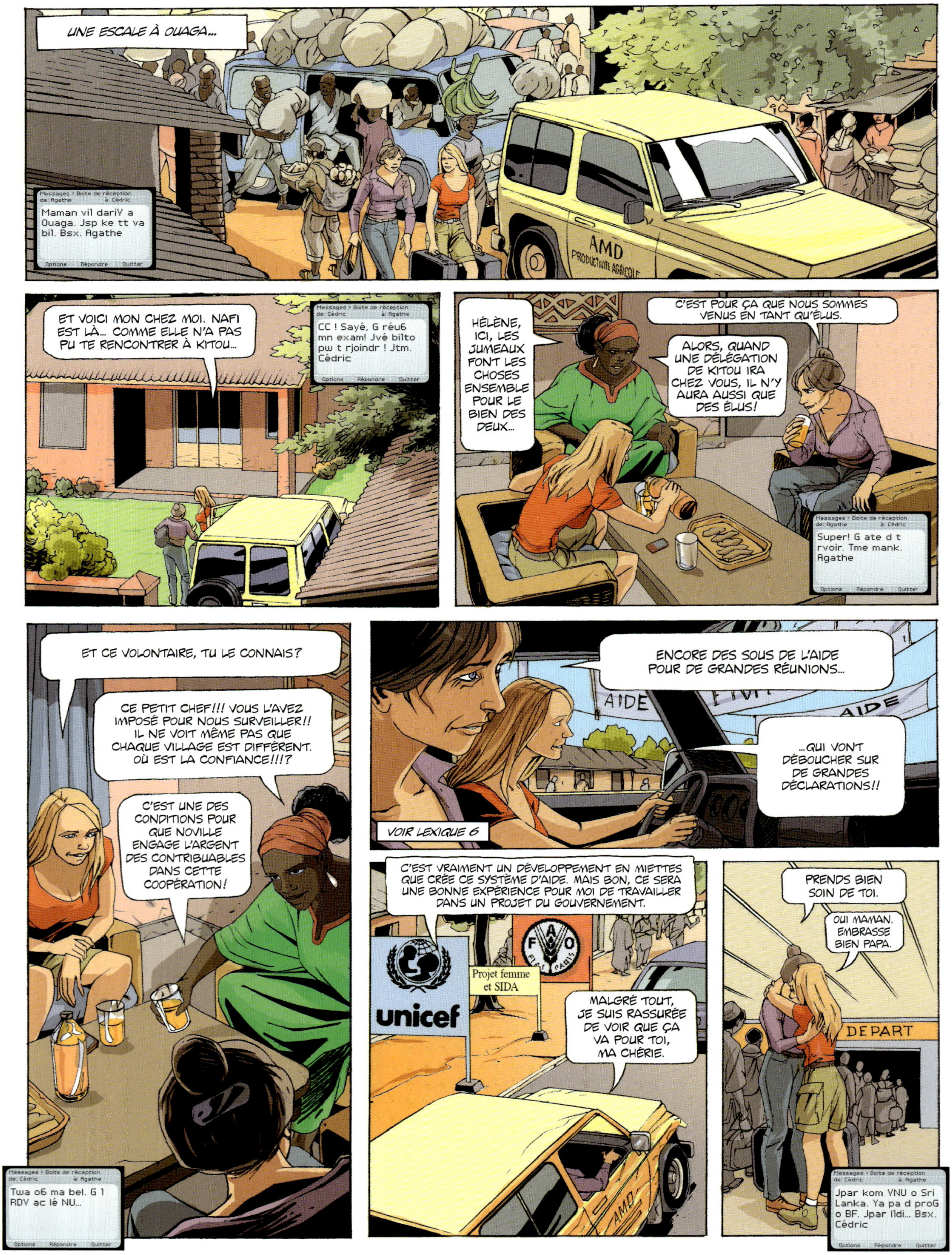

UNE ESCALE À OUAGA...
Messages > Boite de réception
de: Agathe à: Cédric
Maman vi1 dariV a Ouaga. Jsp ke tt va bi1. Bsx. Agathe
Options Répondre Quitter
AMD
PRODUCTIVITÉ AGRICOLE
ET VOICI MON CHEZ MOI. NAFI EST LÀ... COMME ELLE N'A PAS PU TE RENCONTRER À KITOU...
Messages > Boite de réception
de: Cédric à: Agathe
CC ! Sayé, G réu6 mn exam! Jvé bilto pw t rjoindr ! Jtm. Cédric
Options Répondre Quitter
HÉLÈNE, ICI, LES JUMEAUX FONT LES CHOSES ENSEMBLE POUR LE BIEN DES DEUX...
C'EST POUR ÇA QUE NOUS SOMMES VENUS EN TANT QU'ÉLUS.
ALORS, QUAND UNE DÉLÉGATION DE KITOU IRA CHEZ VOUS, IL N'Y AURA AUSSI QUE DES ÉLUS!
Messages > Boite de réception
de: Agathe à: Cédric
Super! G ate d t rvoir. Tme mank. Agathe
Options Répondre Quitter
ET CE VOLONTAIRE, TU LE CONNAIS?
CE PETIT CHEF!!! VOUS L'AVEZ IMPOSÉ POUR NOUS SURVEILLER!! IL NE VOIT MÊME PAS QUE CHAQUE VILLAGE EST DIFFÉRENT. OÙ EST LA CONFIANCE!!!?
C'EST UNE DES CONDITIONS POUR QUE NOVILLE ENGAGE L'ARGENT DES CONTRIBUABLES DANS CETTE COOPÉRATION!
Messages > Boite de réception
de: Cédric à: Agathe
Twa o6 ma bel. G 1 RDV ac lé NU...
Options Répondre Quitter
ENCORE DES SOUS DE L'AIDE POUR DE GRANDES RÉUNIONS...
AIDE
AIDE
...QUI VONT DÉBOUCHER SUR DE GRANDES DÉCLARATIONS!!
VOIR LEXIQUE 6
C'EST VRAIMENT UN DÉVELOPPEMENT EN MIETTES QUE CRÉE CE SYSTÈME D'AIDE. MAIS BON, CE SERA UNE BONNE EXPÉRIENCE POUR MOI DE TRAVAILLER DANS UN PROJET DU GOUVERNEMENT.
unicef
FIAT PANIS
Projet femme et SIDA
MALGRÉ TOUT, JE SUIS RASSURÉE DE VOIR QUE ÇA VA POUR TOI, MA CHÉRIE.
AMD
PRENDS BIEN SOIN DE TOI.
OUI MAMAN. EMBRASSE BIEN PAPA.
DEPART
Messages > Boite de réception
de: Cédric à: Agathe
Jpar kom VNU o Sri Lanka. Ya pa d proG o BF. Jpar 1ldi... Bsx. Cédric
Options Répondre Quitter

1. FÉDÉRATION BURKINABÉ DES ASSOCIATIONS PAYSANNES
2. INTRANTS : ENGRAIS, PESTICIDES, SEMENCES, ETC.

1. ORGANISATION DES NATIONS UNIES

TU VOIS, LA ROUTE S'EST BIEN PASSÉE!!! FAUT JUSTE PAS OUBLIER LE PETIT CADEAU POUR LES SOLDATS...
HEUREUSEMENT QU'ON ARRIVE...
UN
VOILÀ MON BUREAU.
DESK
Messages › Boite de réception
de: Cédric à: Agathe
Tn pèr é 1 pe scoué dsa visit. On par 2m1 a Baticaloa. Bsx. Cédric
Options Répondre Quitter
CÉDRIC, TU M'ÉPATES! COMMENT TU PEUX SUPPORTER TOUT ÇA?
J'FAIS C'QUE J'PEUX... MAIS COMMENT ARRÊTER CETTE P...DE GUERRE CIVILE?
C'EST QUOI LEUR JOB AUX NATIONS-UNIES? METTRE EN PLACE DES PROGRAMMES DE MAINTIEN DE LA PAIX OU ENVOYER LE H.C.R. POUR FAIRE LE POMPIER?
ÇA DÉPEND DE PROCÉDURES QUI NOUS DÉPASSENT. MAIS BON... RESTONS-EN LÀ! DEMAIN, ON PART POUR BATTICALLOA!
VOIR LEXIQUE 8
LE LENDEMAIN...
DU POISSON FRAIS? IMPOSSIBLE! LE GOUVERNEMENT A INTERDIT LA PÊCHE ICI.
DES BATEAUX VIENDRAIENT AVEC DES ARMES ET DES COMBATTANTS.
BATTICALLOA 200 milles
Messages › Boite de réception
de: Agathe à: Cédric
Alé-y molo ! Bnne rte é 1 bise o Soysa. Agathe
Options Répondre Quitter
OUF! PAS MÉCONTENT D'ARRIVER APRÈS TOUTES CES ÉMOTIONS!
SALUT! VOUS AVEZ FAIT BON VOYAGE?
e comanC ametr
an place progra
Jtm :)
Options Répondre Quitter

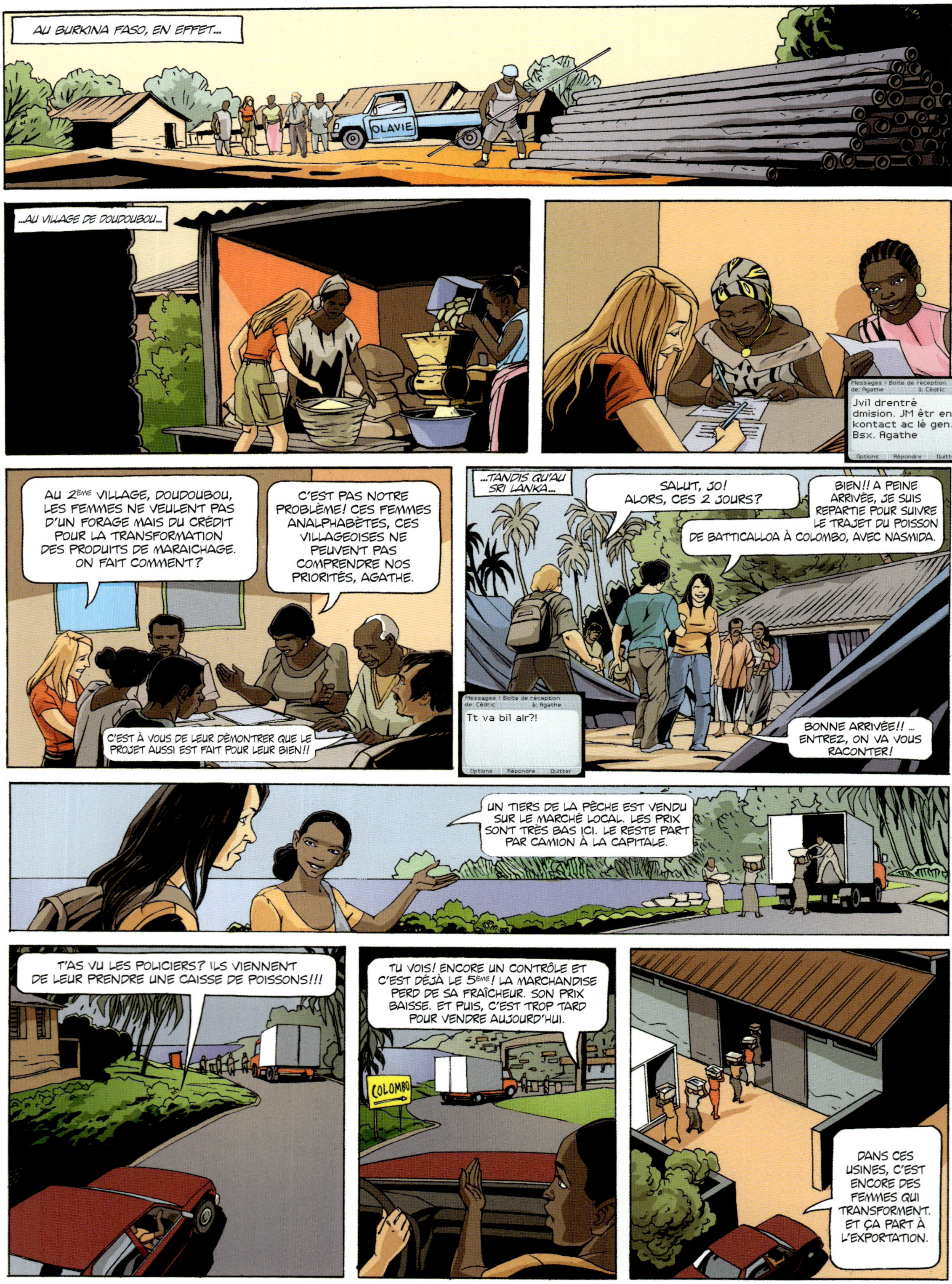
AU BURKINA FASO, EN EFFET...
OLAVIE
...AU VILLAGE DE DOUDOUBOU...
Messages > Boite de réception
de: Agathe à: Cédric
Jvil drentré dmision. JM êtr en kontact ac lé gen. Bsx. Agathe
Options Répondre Quitter
AU 2ÈME VILLAGE, DOUDOUBOU, LES FEMMES NE VEULENT PAS D'UN FORAGE MAIS DU CRÉDIT POUR LA TRANSFORMATION DES PRODUITS DE MARAICHAGE. ON FAIT COMMENT?
C'EST PAS NOTRE PROBLÈME! CES FEMMES ANALPHABÈTES, CES VILLAGEOISES NE PEUVENT PAS COMPRENDRE NOS PRIORITÉS, AGATHE.
C'EST À VOUS DE LEUR DÉMONTRER QUE LE PROJET AUSSI EST FAIT POUR LEUR BIEN!!
...TANDIS QU'AU SRI LANKA...
SALUT, JO! ALORS, CES 2 JOURS?
BIEN!! À PEINE ARRIVÉE, JE SUIS REPARTIE POUR SUIVRE LE TRAJET DU POISSON DE BATTICALLOA À COLOMBO, AVEC NASMIDA.
Messages > Boite de réception
de: Cédric à: Agathe
Tt va bil alr?!
Options Répondre Quitter
BONNE ARRIVÉE!! ... ENTREZ, ON VA VOUS RACONTER!
UN TIERS DE LA PÊCHE EST VENDU SUR LE MARCHÉ LOCAL. LES PRIX SONT TRÈS BAS ICI. LE RESTE PART PAR CAMION À LA CAPITALE.
T'AS VU LES POLICIERS? ILS VIENNENT DE LEUR PRENDRE UNE CAISSE DE POISSONS!!!
TU VOIS! ENCORE UN CONTRÔLE ET C'EST DÉJÀ LE 5ÈME! LA MARCHANDISE PERD DE SA FRAÎCHEUR. SON PRIX BAISSE. ET PUIS, C'EST TROP TARD POUR VENDRE AUJOURD'HUI.
COLOMBO
DANS CES USINES, C'EST ENCORE DES FEMMES QUI TRANSFORMENT. ET ÇA PART À L'EXPORTATION.

1. CF. TOME 1 A LA PÊCHE AUX INFOS
2 ORGANISATION NON GOUVERNEMENTALE
3. LE COLLECTIF INTERNATIONAL D'APPUI AUX TRAVAILLEURS DE LA PÊCHE

1. E-CHANGER : WWW.E-CHANGER.CH ORGANISATION SUISSE DE COOPÉRATION SOLIDAIRE NORD SUD.

1. ACTIVITÉ GÉNÉRATRICE DE REVENUS

1. C.E.I.: CENTRE D'ÉDUCATION INFANTILE = CRÈCHE.

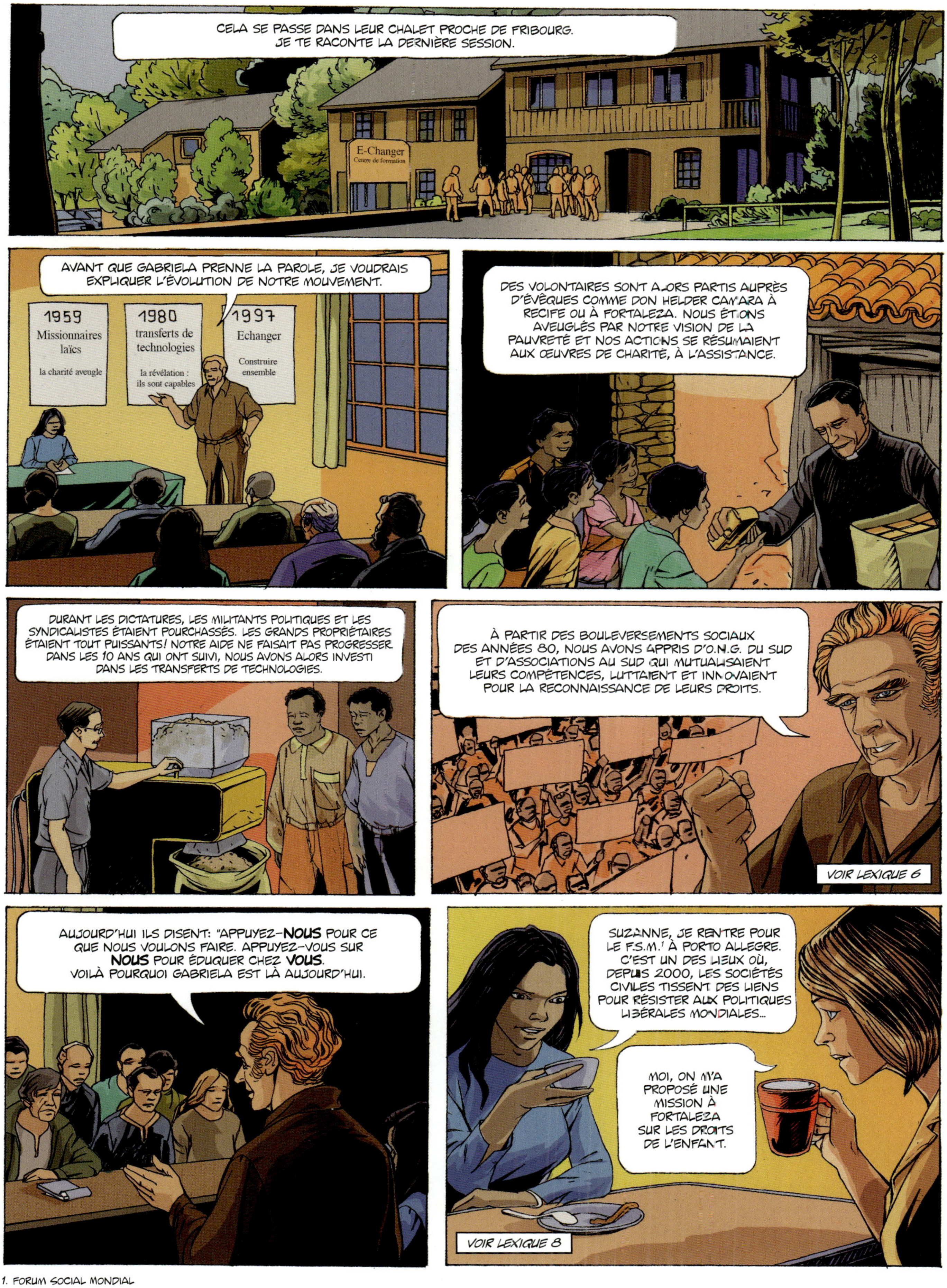

1. FORUM SOCIAL MONDIAL

DE RETOUR EN ATELIER...
LES FAMILLES EXPULSÉES DU CENTRE VILLE, IL Y A 40 ANS, ONT JUSTE REÇU UN LOPIN DE TERRE POUR CONSTRUIRE ET ON LES A IGNORÉES PENDANT DES ANNÉES.
NI EAU, NI ÉLECTRICITÉ, PENDANT 12 ANS! 20 000 HABITANTS À L'ÉPOQUE. ET DES INONDATIONS PENDANT LA SAISON DES PLUIES!! DES CONDITIONS TERRIBLES!!!
LA CANALISATION D'EAU QUI ALIMENTE LA VILLE PASSE SOUS NOTRE QUARTIER. NOS REPRÉSENTANTS ONT LANCÉ UN ULTIMATUM À LA MAIRIE : « SI NOUS NE POUVONS AVOIR DE L'EAU, NOUS FERONS TOUT SAUTER ET PLUS PERSONNE N'AURA D'EAU EN VILLE!!» C'ÉTAIT DU BLUFF MAIS, DU COUP, LES CHOSES ONT CHANGÉ...
MAIRIE FORTALEZA
NOUS, LES HABITANTS, AVONS CONQUIS L'EAU
La municipalité a investi pour votre santé.
LE QUARTIER A ÉTÉ APPROVISIONNÉ EN EAU POTABLE ET LA MUNICIPALITÉ A FAIT UNE INAUGURATION EN GRANDE POMPE VOULANT RÉCUPÉRER LE PROJET À SON COMPTE... MAIS LES HABITANTS, DEVANT TOUTE LA PRESSE, ONT RÉTABLI LA VÉRITÉ...
CETTE VICTOIRE A TOUT CHANGÉ AVEC L'ÉTAT ET LA MUNICIPALITÉ ! EN PLUS, JUSTE APRÈS, LA GAUCHE A GAGNÉ LES ÉLECTIONS! ALORS, UNE SOCIÉTÉ D'ASSISTANCE TECHNIQUE A CHOISI NOTRE QUARTIER POUR UN PROGRAMME D'ASSAINISSEMENT.
VOIR LEXIQUE 9
LE PROBLÈME DES EAUX USÉES, C'ÉTAIT À NOUS DE LE RÉSOUDRE!!! LEUR REPRÉSENTANT A RENFORCÉ LES CAPACITÉS DES LEADERS DU QUARTIER. CEUX-CI GÉRAIENT L'ARGENT, DONNAIENT DU TRAVAIL ET L'INITIATIVE AUX HABITANTS.
A-H
I-O
P-Z
ÇA ME FAIT RÊVER. EN AFRIQUE, ILS NE SAVENT PAS FAIRE ÇA.
COMME VOUS LE FAITES, **VOUS**, ILS N'APPRENDRONT JAMAIS À LE FAIRE, **EUX**.

UN JOUR, IL EXISTERA UNE SEULE COORDINATION MONDIALE DES TRAVAILLEURS DE LA PÊCHE ARTISANALE.
DÉJÀ, AVEC MES SOEURS DU KERALA, NOUS NOUS REGROUPONS POUR FAIRE FACE À LA MONDIALISATION ET DÉFENDRE UNE PÊCHE DURABLE.
L'AIDE SERT LES INTÉRÊTS DES DONATEURS. À L'A.M.D.: C'EST LE COTON. ET MOI, JE SUIS CHARGÉE DE PERSUADER LES FEMMES QUE C'EST POUR LEUR BIEN!!
MARRE DE L'AIDE ET DE CES MENDIANTS DE SÉKOU!!! NOUS, FEMMES, PROGRESSONS EN NE CHOISISSANT QUE LES OCCASIONS QUI NOUS PERMETTENT DE PROGRESSER!
UNE POLITIQUE CONCERTÉE VISANT LA SOUVERAINETÉ ALIMENTAIRE EST PRIMORDIALE AU NIVEAU DE CHAQUE ETAT!
POUR UNE RÉELLE COOPÉRATION DE POPULATION À POPULATION, NOS ÉLUS DOIVENT ÊTRE MOINS CONVAINCUS DE DÉTENIR LA VÉRITÉ SUR CE QUI CONDUIT AU DÉVELOPPEMENT.
EN OPPOSITION AVEC LA SOI-DISANT BONNE GOUVERNANCE, IL FAUT RECONSTRUIRE L'ADMINISTRATION DÉTRUITE PAR LES P.A.S. ET RÉINTÉGRER LES FONCTIONNAIRES DÉBAUCHÉS PAR LES GRANDS PROJETS.
VOIR LEXIQUE 9
SOIGNER, NOURRIR ET PACIFIER SANS INTERVENIR ET CONTINUER À VENDRE DES ARMES AUX BELLIGÉRANTS: ÇA ARRANGE OU CE N'EST QUE POSER UN COUVERCLE SUR LA MARMITE?
JEAN-PIERRE, TU DOIS DÉNONCER TOUT ÇA.

1. CRID : CENTRE DE RECHERCHE ET D'INFORMATION POUR LE DÉVELOPPEMENT WWW.CRID.ASSO.FR
2. ACCORD DE COTONOU : ACCORD SIGNÉ ENTRE L'UNION EUROPÉENNE ET LES ÉTATS D'AFRIQUE, CARAÏBE ET PACIFIQUE (ACP).

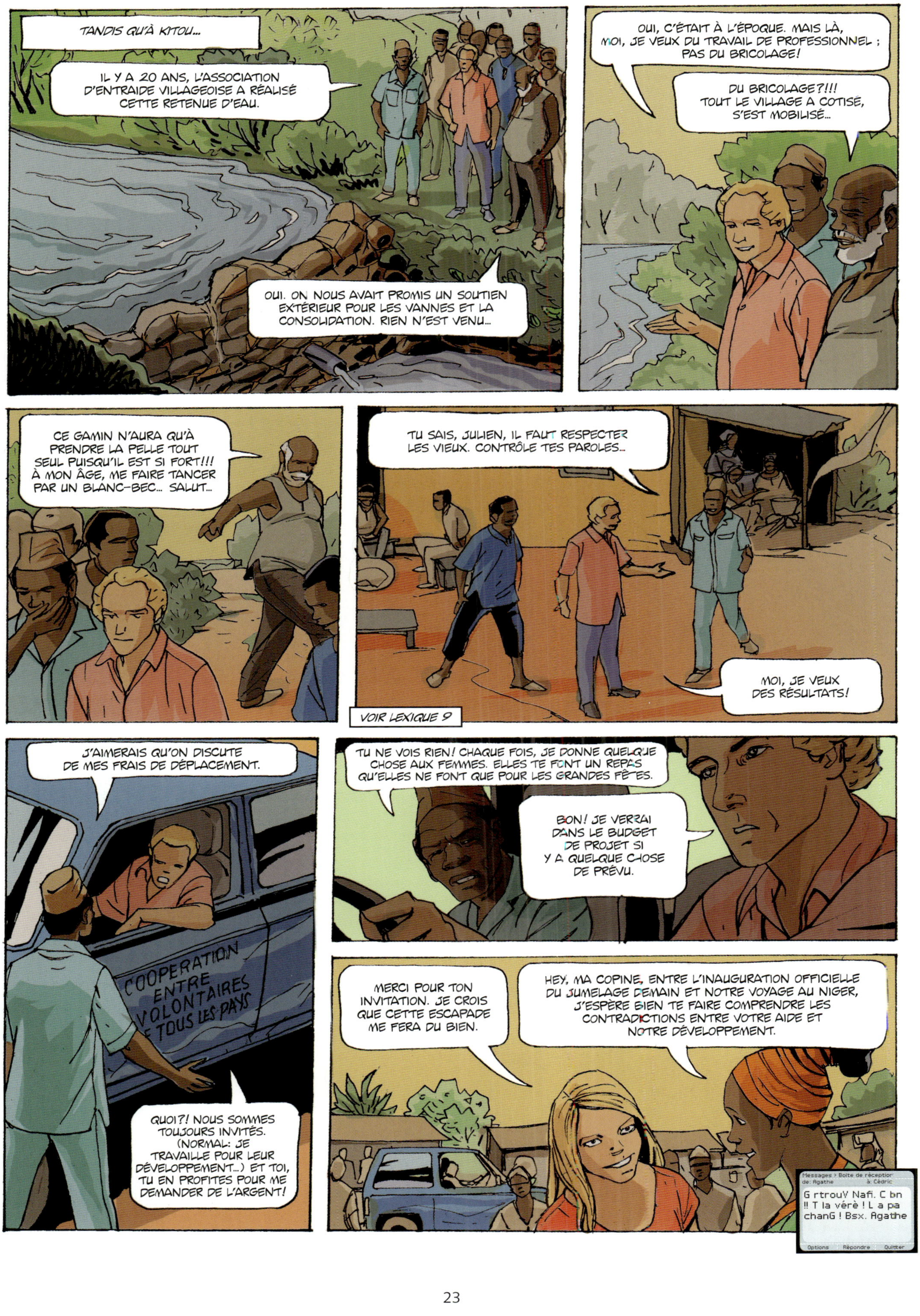
TANDIS QU'À KITOU...
IL Y A 20 ANS, L'ASSOCIATION D'ENTRAIDE VILLAGEOISE A RÉALISÉ CETTE RETENUE D'EAU.
OUI. ON NOUS AVAIT PROMIS UN SOUTIEN EXTÉRIEUR POUR LES VANNES ET LA CONSOLIDATION. RIEN N'EST VENU...
OUI, C'ÉTAIT À L'ÉPOQUE. MAIS LÀ, MOI, JE VEUX DU TRAVAIL DE PROFESSIONNEL ; PAS DU BRICOLAGE!
DU BRICOLAGE?!!! TOUT LE VILLAGE A COTISÉ, S'EST MOBILISÉ...
CE GAMIN N'AURA QU'À PRENDRE LA PELLE TOUT SEUL PUISQU'IL EST SI FORT!!! À MON ÂGE, ME FAIRE TANCER PAR UN BLANC-BEC... SALUT...
TU SAIS, JULIEN, IL FAUT RESPECTER LES VIEUX. CONTRÔLE TES PAROLES...
MOI, JE VEUX DES RÉSULTATS!
VOIR LEXIQUE 9
J'AIMERAIS QU'ON DISCUTE DE MES FRAIS DE DÉPLACEMENT.
COOPERATION ENTRE VOLONTAIRES DE TOUS LES PAYS
QUOI?! NOUS SOMMES TOUJOURS INVITÉS. (NORMAL: JE TRAVAILLE POUR LEUR DÉVELOPPEMENT...) ET TOI, TU EN PROFITES POUR ME DEMANDER DE L'ARGENT!
TU NE VOIS RIEN! CHAQUE FOIS, JE DONNE QUELQUE CHOSE AUX FEMMES. ELLES TE FONT UN REPAS QU'ELLES NE FONT QUE POUR LES GRANDES FÊTES.
BON! JE VERRAI DANS LE BUDGET DE PROJET SI Y A QUELQUE CHOSE DE PRÉVU.
MERCI POUR TON INVITATION. JE CROIS QUE CETTE ESCAPADE ME FERA DU BIEN.
HEY, MA COPINE, ENTRE L'INAUGURATION OFFICIELLE DU JUMELAGE DEMAIN ET NOTRE VOYAGE AU NIGER, J'ESPÈRE BIEN TE FAIRE COMPRENDRE LES CONTRADICTIONS ENTRE VOTRE AIDE ET NOTRE DÉVELOPPEMENT.
Messages > Boite de réception
de: Agathe à: Cédric
G rtrouV Nafi. C bn !! T la vérè ! L a pa chanG ! Bsx. Agathe
Options Répondre Quitter

1. P.L.D. : PLAN LOCAL DE DÉVELOPPEMENT

1. O.M.C.: ORGANISATION MONDIALE DU COMMERCE

1. A.S.I. : ASSOCIATION DE SOLIDARITÉ INTERNATIONALE

1. UNIVERSITÉ POPULAIRE : LIEU DE DIALOGUE ET DE FORMATION RÉCIPROQUE ENTRE DES PERSONNES QUI N'ONT PAS FORCÉMENT FAIT D'ÉTUDES MAIS QUI ONT DES SAVOIR-FAIRE ET DES CONNAISSANCES À PARTAGER.

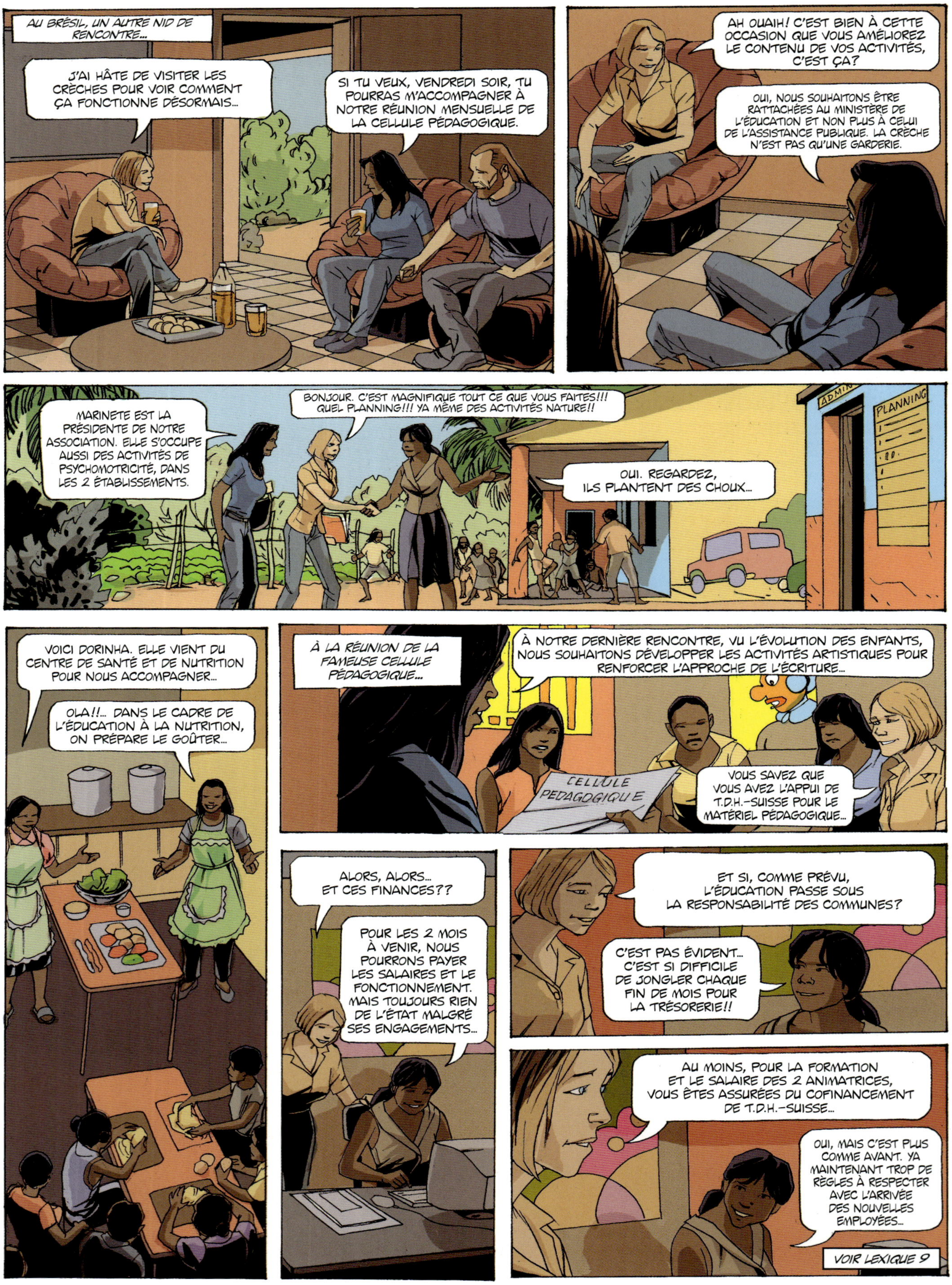

AU BRÉSIL, UN AUTRE NID DE RENCONTRE...
J'AI HÂTE DE VISITER LES CRÈCHES POUR VOIR COMMENT ÇA FONCTIONNE DÉSORMAIS...
SI TU VEUX, VENDREDI SOIR, TU POURRAS M'ACCOMPAGNER À NOTRE RÉUNION MENSUELLE DE LA CELLULE PÉDAGOGIQUE.
AH OUAIH! C'EST BIEN À CETTE OCCASION QUE VOUS AMÉLIOREZ LE CONTENU DE VOS ACTIVITÉS, C'EST ÇA?
OUI, NOUS SOUHAITONS ÊTRE RATTACHÉES AU MINISTÈRE DE L'ÉDUCATION ET NON PLUS À CELUI DE L'ASSISTANCE PUBLIQUE. LA CRÈCHE N'EST PAS QU'UNE GARDERIE.
MARINETE EST LA PRÉSIDENTE DE NOTRE ASSOCIATION. ELLE S'OCCUPE AUSSI DES ACTIVITÉS DE PSYCHOMOTRICITÉ, DANS LES 2 ÉTABLISSEMENTS.
BONJOUR. C'EST MAGNIFIQUE TOUT CE QUE VOUS FAITES!!! QUEL PLANNING!!! YA MÊME DES ACTIVITÉS NATURE!!
OUI. REGARDEZ, ILS PLANTENT DES CHOUX...
ADMIN
PLANNING
VOICI DORINHA. ELLE VIENT DU CENTRE DE SANTÉ ET DE NUTRITION POUR NOUS ACCOMPAGNER...
OLA!!... DANS LE CADRE DE L'ÉDUCATION À LA NUTRITION, ON PRÉPARE LE GOÛTER...
À LA RÉUNION DE LA FAMEUSE CELLULE PÉDAGOGIQUE...
À NOTRE DERNIÈRE RENCONTRE, VU L'ÉVOLUTION DES ENFANTS, NOUS SOUHAITONS DÉVELOPPER LES ACTIVITÉS ARTISTIQUES POUR RENFORCER L'APPROCHE DE L'ÉCRITURE...
CELLULE PÉDAGOGIQUE
VOUS SAVEZ QUE VOUS AVEZ L'APPUI DE T.D.H.-SUISSE POUR LE MATÉRIEL PÉDAGOGIQUE...
ALORS, ALORS... ET CES FINANCES??
POUR LES 2 MOIS À VENIR, NOUS POURRONS PAYER LES SALAIRES ET LE FONCTIONNEMENT. MAIS TOUJOURS RIEN DE L'ÉTAT MALGRÉ SES ENGAGEMENTS...
ET SI, COMME PRÉVU, L'ÉDUCATION PASSE SOUS LA RESPONSABILITÉ DES COMMUNES?
C'EST PAS ÉVIDENT... C'EST SI DIFFICILE DE JONGLER CHAQUE FIN DE MOIS POUR LA TRÉSORERIE!!
AU MOINS, POUR LA FORMATION ET LE SALAIRE DES 2 ANIMATRICES, VOUS ÊTES ASSURÉES DU COFINANCEMENT DE T.D.H.-SUISSE...
OUI, MAIS C'EST PLUS COMME AVANT. YA MAINTENANT TROP DE RÈGLES À RESPECTER AVEC L'ARRIVÉE DES NOUVELLES EMPLOYÉES...
VOIR LEXIQUE 9

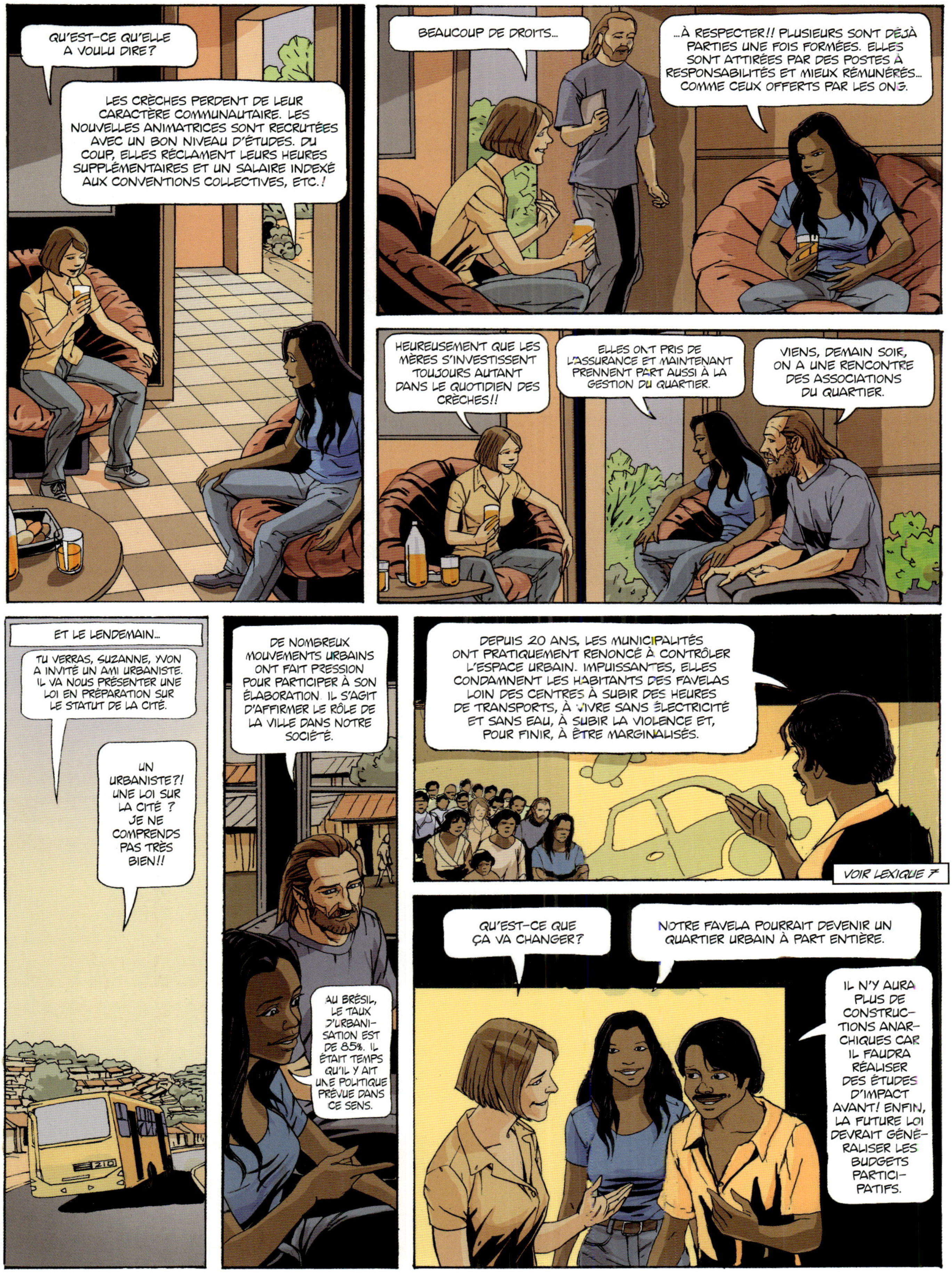

QU'EST-CE QU'ELLE A VOULU DIRE?
LES CRÈCHES PERDENT DE LEUR CARACTÈRE COMMUNAUTAIRE. LES NOUVELLES ANIMATRICES SONT RECRUTÉES AVEC UN BON NIVEAU D'ÉTUDES. DU COUP, ELLES RÉCLAMENT LEURS HEURES SUPPLÉMENTAIRES ET UN SALAIRE INDEXÉ AUX CONVENTIONS COLLECTIVES, ETC.!
BEAUCOUP DE DROITS...
...À RESPECTER!! PLUSIEURS SONT DÉJÀ PARTIES UNE FOIS FORMÉES. ELLES SONT ATTIRÉES PAR DES POSTES À RESPONSABILITÉS ET MIEUX RÉMUNÉRÉS... COMME CEUX OFFERTS PAR LES ONG.
HEUREUSEMENT QUE LES MÈRES S'INVESTISSENT TOUJOURS AUTANT DANS LE QUOTIDIEN DES CRÈCHES!!
ELLES ONT PRIS DE L'ASSURANCE ET MAINTENANT PRENNENT PART AUSSI À LA GESTION DU QUARTIER.
VIENS, DEMAIN SOIR, ON A UNE RENCONTRE DES ASSOCIATIONS DU QUARTIER.
ET LE LENDEMAIN...
TU VERRAS, SUZANNE, YVON A INVITÉ UN AMI URBANISTE. IL VA NOUS PRÉSENTER UNE LOI EN PRÉPARATION SUR LE STATUT DE LA CITÉ.
UN URBANISTE?! UNE LOI SUR LA CITÉ ? JE NE COMPRENDS PAS TRÈS BIEN!!
DE NOMBREUX MOUVEMENTS URBAINS ONT FAIT PRESSION POUR PARTICIPER À SON ÉLABORATION. IL S'AGIT D'AFFIRMER LE RÔLE DE LA VILLE DANS NOTRE SOCIÉTÉ.
AU BRÉSIL, LE TAUX D'URBANISATION EST DE 85%. IL ÉTAIT TEMPS QU'IL Y AIT UNE POLITIQUE PRÉVUE DANS CE SENS.
DEPUIS 20 ANS, LES MUNICIPALITÉS ONT PRATIQUEMENT RENONCÉ À CONTRÔLER L'ESPACE URBAIN. IMPUISSANTES, ELLES CONDAMNENT LES HABITANTS DES FAVELAS LOIN DES CENTRES À SUBIR DES HEURES DE TRANSPORTS, À VIVRE SANS ÉLECTRICITÉ ET SANS EAU, À SUBIR LA VIOLENCE ET, POUR FINIR, À ÊTRE MARGINALISÉS.
VOIR LEXIQUE 7
QU'EST-CE QUE ÇA VA CHANGER?
NOTRE FAVELA POURRAIT DEVENIR UN QUARTIER URBAIN À PART ENTIÈRE.
IL N'Y AURA PLUS DE CONSTRUCTIONS ANARCHIQUES CAR IL FAUDRA RÉALISER DES ÉTUDES D'IMPACT AVANT! ENFIN, LA FUTURE LOI DEVRAIT GÉNÉRALISER LES BUDGETS PARTICIPATIFS.

S'ENSUIT UNE ASSEMBLÉE DE LA CRÈCHE POUR UN COMPTE RENDU.
DE NOUVELLES POLITIQUES SOCIALES VONT ÊTRE MISES EN PLACE... IL NOUS FAUDRA RÉPONDRE PRÉSENTES.
C'EST À DIRE...?
AVOIR DES PROPOSITIONS À FAIRE. NOUS AVONS DÉJÀ RENCONTRÉ D'AUTRES CRÈCHES DE LA VILLE ET NOUS ALLONS FONDER UN COLLECTIF.
NOUS POURRONS PESER SUR LES DÉCISIONS DES AUTORITÉS. ET ENFIN ÊTRE RECONNUS COMME DES ACTEURS DE L'ÉDUCATION!!!
ÇA CORRESPOND TOUT À FAIT À NOS NOUVELLES ORIENTATIONS À TDH SUISSE: SOUTENIR VOS ASSOCIATIONS POUR QU'ELLES DÉFENDENT ELLES-MÊMES LEURS DROITS!!!
QUELQUES RÉUNIONS ET MULTIPLES CONTACTS PLUS TARD...
...LE CENTRE DE COORDINATION ET D'APPUI AUX CRÈCHES (CAAC) EST NÉ!!!
CENTRO
...ET L'ASSOCIATION TDH SUISSE S'EST ENGAGÉE SUR 3 ANS DÉJÀ POUR ASSURER L'INSTALLATION ET LE FONCTIONNEMENT DE NOTRE CAAC...
PARTOUT, DES MOUVEMENTS LOCAUX S'EMPARENT DE QUESTIONS D'ACTUALITÉ...
VOIR LEXIQUE 8
NAFISSATOU TRAORE EST ÉLUE ADJOINTE À LA PRÉSIDENCE, RESPONSABLE DE LA MUTUELLE D'ÉPARGNE ET CRÉDIT.
UN MOMENT PLUS TARD...
REFUSONS LES OGM
À LA FÉDÉRATION, IL Y A DES DÉBATS HOULEUX SUR LA CULTURE DU COTON OGM. POUR NOUS, LA DIMINUTION DU NOMBRE DE TRAITEMENTS N'EST PAS UN ARGUMENT SUFFISANT FACE À TOUS LES RISQUES ÉVOQUÉS.

6 MOIS PLUS TARD... À FORTALEZA.
COMMENT LES CHOSES SE METTENT EN PLACE?
NOTRE OBJECTIF DE PROFESSIONNALISATION PROGRESSE, MONSIEUR LE DIRECTEUR, NOUS AVONS DÉJÀ RÉALISÉ PLUSIEURS FORMATIONS SUR LA GESTION DU PERSONNEL.
C.A.A.C. Centro de Articulaçao e apoio as creches
ET PUIS?
À T.D.H.-SUISSE, VOUS AVEZ APPRIS QUE NOUS AVONS ORGANISÉ UNE GRÈVE ET UNE MANIFESTATION? ON NOUS A ENFIN REÇUES!! NOUS AVONS MÊME OBTENU LA GARANTIE DU VERSEMENT DES SUBVENTIONS DE FONCTIONNEMENT ET NOTAMMENT DES SALAIRES.
VOUS SAVEZ, DEPUIS QUE MICHAEL EST LÀ, GRÂCE À E-CHANGER, NOUS AVONS L'ESPOIR DE BIENTÔT POUVOIR SORTIR NOTRE JOURNAL DE LIAISON...
ET LÀ, DOUCEMENT, PRÉSIDENTE!!! EN 6 MOIS, J'AI PU PRÉPARER UN GABARIT POUR LE JOURNAL MAIS IL RESTE ENCORE BEAUCOUP À FAIRE AU NIVEAU DU RÉSEAU INFORMATIQUE...
NOUS SOMMES ÉGALEMENT EN TRAIN DE TRAVAILLER SUR UN BULLETIN ET LE SITE INTERNET "DROITS DE L'ENFANT".
VOIR LEXIQUE 8
DANS LE QUARTIER CONJUNTOS, UNE PETITE RÉVOLUTION EST EN MARCHE...
NOUS AVONS RDV À LA MUNICIPALITÉ...
ENCORE UNE COUPE BUDGÉTAIRE...
...OU UNE NOUVELLE RÉGLEMENTATION...
C'EST PEUT ÊTRE UNE BONNE NOUVELLE... UN FINANCEMENT??!
LA POPULATION DU QUARTIER DE CONJUNTOS A ENCORE AUGMENTÉ ET NOUS PROJETONS D'INSTALLER UNE NOUVELLE CRÈCHE...
FANTASTIQUE...
...NOUS AVONS EU L'IDÉE D'EN CONFIER LA GESTION À VOTRE CRÈCHE. QU'EN PENSEZ-VOUS?
NOUS DEVONS EN DISCUTER ENTRE NOUS... MAIS POURQUOI NOUS? NOUS AVONS TANT DE DIFFICULTÉS...
OUI MAIS, MALGRÉ ÇA, VOUS AVEZ RÉUSSI GRÂCE À UN PROCESSUS D'ORGANISATION COLLECTIVE ÉTONNANT!!
ÇA VA DONC DEMANDER UNE RÉORGANISATION TOTALE DE NOTRE FONCTIONNEMENT!!
NOUS NOUS ENGAGEONS À SOUTENIR LE RENFORCEMENT INSTITUTIONNEL DE VOTRE ASSOCIATION.
VOIR LEXIQUE 9

AU SRI LANKA, CÉDRIC POURSUIT SA MISSION...
ON VA PASSER VITE ET POUVOIR RENTRER TÔT.
MMMMH... YA DU MONDE, C'EST BIZARRE...
...MAIS LA SITUATION CHANGE...
CE SONT LES ORDRES...
AH! LES RELATIONS ETAT/HUMANITAIRES, C'EST PAS DE...
UNHCR
C'EST LE 3ÈME CONTRÔLE. IL FONT ÇA POUR NOUS RALENTIR. LES COMBATS ONT REPRIS...
LA TENSION EST TELLE QU'IL NOUS FAUT UNE JOURNÉE POUR FAIRE L'ALLER RETOUR DANS LA ZONE DE L'OPPOSITION, OÙ NOUS NE POUVONS RESTER. ON NE CONTRÔLE PLUS OÙ VONT NOS MARCHANDISES.
ON VOUS RAPATRIE. LA ZONE EST CLASSÉE À RISQUE DEPUIS CE MATIN.
Messages > Boîte de réception
de: Cédric à: Agathe
C fini. Dcision administrativ é politik. Jss viD... Cédric
Options Répondre Quitter
C'EST LA FIN DE MON CONTRAT. QUELLE TRISTESSE POUR MOI DE LAISSER CE PAYS DANS DE TELLES CONDITIONS!!
NOUS, NOUS SOMMES INVITÉES EN FRANCE... NOUS PRENONS L'AVION DEMAIN.
QUELQUES JOURS PLUS TARD...
Messages > Boîte de réception
de: Agathe à: Cédric
Apel mwa d kté ariV. Jen é vrm Bsoin... Agathe
Options Répondre Quitter
À GENÈVE...
CD 131 P
JE VIENS TE REJOINDRE AU BURKINA DÈS QUE JE PEUX...

1. POLITIQUE COMMUNE DE LA PÊCHE (PCP) DE L'UNION EUROPÉENNE (UE)

VOIR LEXIQUE 6

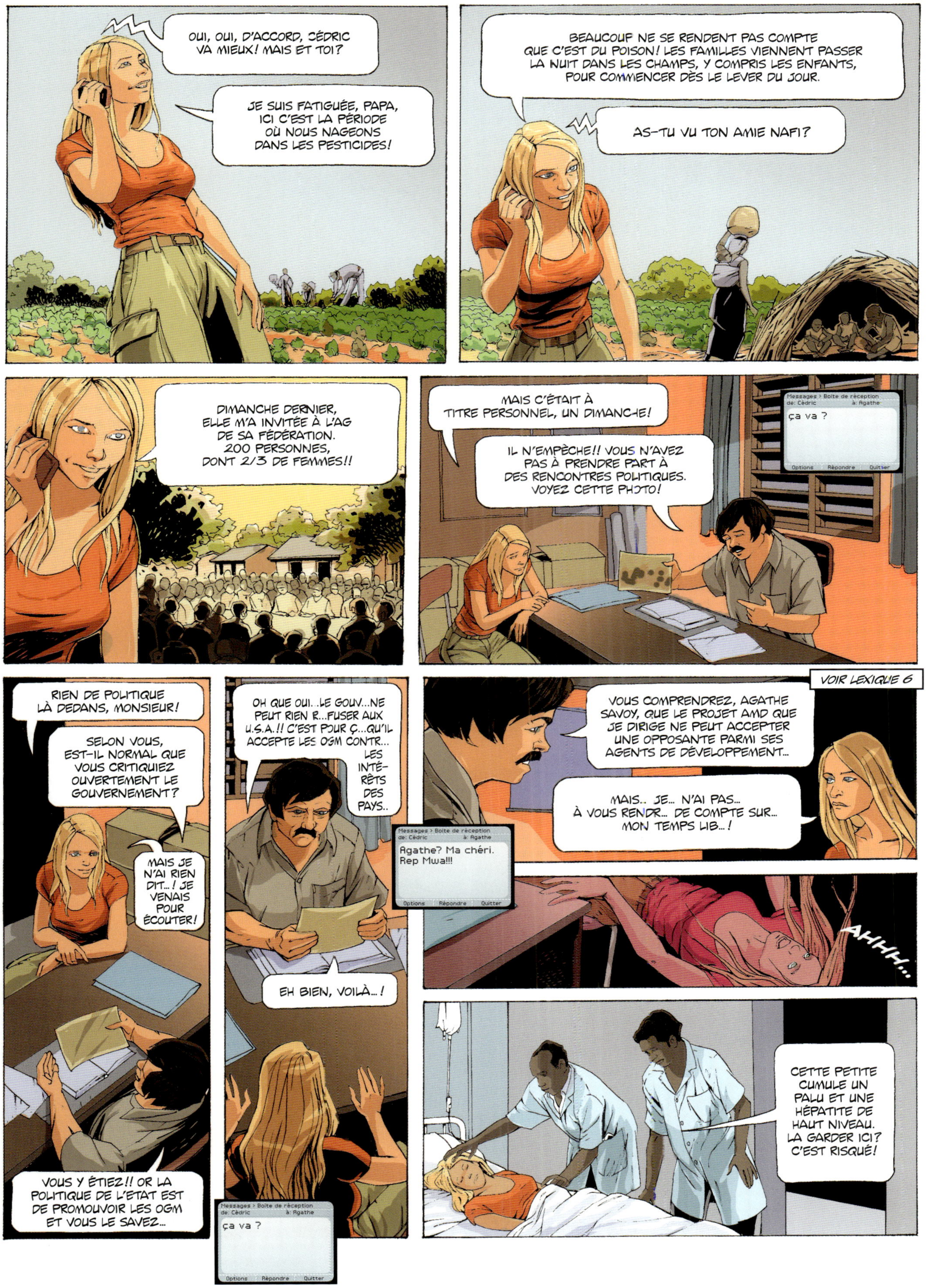
OUI, OUI, D'ACCORD, CÉDRIC VA MIEUX! MAIS ET TOI?
JE SUIS FATIGUÉE, PAPA, ICI C'EST LA PÉRIODE OÙ NOUS NAGEONS DANS LES PESTICIDES!
BEAUCOUP NE SE RENDENT PAS COMPTE QUE C'EST DU POISON! LES FAMILLES VIENNENT PASSER LA NUIT DANS LES CHAMPS, Y COMPRIS LES ENFANTS, POUR COMMENCER DÈS LE LEVER DU JOUR.
AS-TU VU TON AMIE NAFI?
DIMANCHE DERNIER, ELLE M'A INVITÉE À L'AG DE SA FÉDÉRATION. 200 PERSONNES, DONT 2/3 DE FEMMES!!
MAIS C'ÉTAIT À TITRE PERSONNEL, UN DIMANCHE!
IL N'EMPÊCHE!! VOUS N'AVEZ PAS À PRENDRE PART À DES RENCONTRES POLITIQUES. VOYEZ CETTE PHOTO!
Messages › Boite de réception
de: Cédric à: Agathe
ça va ?
Options Répondre Quitter
RIEN DE POLITIQUE LÀ DEDANS, MONSIEUR!
SELON VOUS, EST-IL NORMAL QUE VOUS CRITIQUIEZ OUVERTEMENT LE GOUVERNEMENT?
MAIS JE N'AI RIEN DIT...! JE VENAIS POUR ÉCOUTER!
VOUS Y ÉTIEZ!! OR LA POLITIQUE DE L'ETAT EST DE PROMOUVOIR LES OGM ET VOUS LE SAVEZ...
OH QUE OUI...LE GOUV...NE PEUT RIEN R...FUSER AUX U.S.A.!! C'EST POUR Ç...QU'IL ACCEPTE LES OGM CONTR... LES INTÉ-RÊTS DES PAYS..
Messages › Boite de réception
de: Cédric à: Agathe
Agathe? Ma chéri. Rep Mwa!!!
Options Répondre Quitter
EH BIEN, VOILÀ...!
Messages › Boite de réception
de: Cédric à: Agathe
ça va ?
Options Répondre Quitter
VOIR LEXIQUE 6
VOUS COMPRENDREZ, AGATHE SAVOY, QUE LE PROJET AMD QUE JE DIRIGE NE PEUT ACCEPTER UNE OPPOSANTE PARMI SES AGENTS DE DÉVELOPPEMENT...
MAIS.. JE... N'AI PAS... À VOUS RENDR... DE COMPTE SUR... MON TEMPS LIB...!
AHHH...
CETTE PETITE CUMULE UN PALU ET UNE HÉPATITE DE HAUT NIVEAU. LA GARDER ICI? C'EST RISQUÉ!

1. SEEDS : SERVICES DE DÉVELOPPEMENT ECONOMIQUE DES ENTREPRISES SARVADOYA
2. THÉÂTRE FORUM : TECHNIQUE DE THÉÂTRE PARTICIPATIVE QUI VISE À LA CONSCIENTISATION ET À L'INFORMATION DES POPULATIONS OPPRIMÉES D'UNE FAÇON OU D'UNE AUTRE.

1. TIKEN JAH FAKOLY

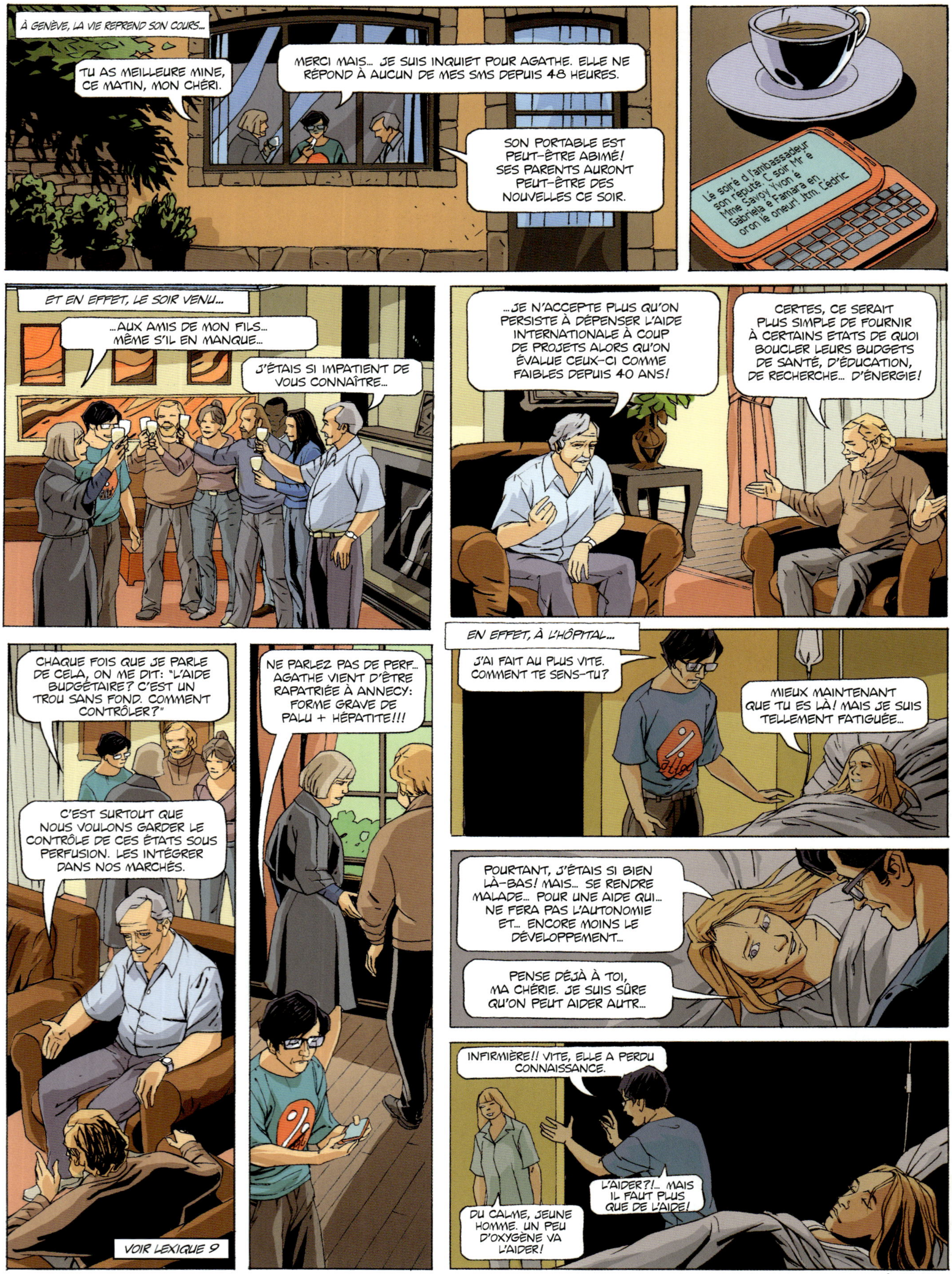
À GENÈVE, LA VIE REPREND SON COURS...
TU AS MEILLEURE MINE, CE MATIN, MON CHÉRI.
MERCI MAIS... JE SUIS INQUIET POUR AGATHE. ELLE NE RÉPOND À AUCUN DE MES SMS DEPUIS 48 HEURES.
SON PORTABLE EST PEUT-ÊTRE ABIMÉ! SES PARENTS AURONT PEUT-ÊTRE DES NOUVELLES CE SOIR.
Le soiré d l'ambassadeur son réputé. C soir Mr e Mme Savoy Yvon e Gabriela e Famara en, oron le oneur! Jtm. Cédric
ET EN EFFET, LE SOIR VENU...
...AUX AMIS DE MON FILS... MÊME S'IL EN MANQUE...
J'ÉTAIS SI IMPATIENT DE VOUS CONNAÎTRE...
...JE N'ACCEPTE PLUS QU'ON PERSISTE À DÉPENSER L'AIDE INTERNATIONALE À COUP DE PROJETS ALORS QU'ON ÉVALUE CEUX-CI COMME FAIBLES DEPUIS 40 ANS!
CERTES, CE SERAIT PLUS SIMPLE DE FOURNIR À CERTAINS ÉTATS DE QUOI BOUCLER LEURS BUDGETS DE SANTÉ, D'ÉDUCATION, DE RECHERCHE... D'ÉNERGIE!
CHAQUE FOIS QUE JE PARLE DE CELA, ON ME DIT: "L'AIDE BUDGÉTAIRE? C'EST UN TROU SANS FOND. COMMENT CONTRÔLER?"
C'EST SURTOUT QUE NOUS VOULONS GARDER LE CONTRÔLE DE CES ÉTATS SOUS PERFUSION. LES INTÉGRER DANS NOS MARCHÉS.
VOIR LEXIQUE 9
NE PARLEZ PAS DE PERF... AGATHE VIENT D'ÊTRE RAPATRIÉE À ANNECY: FORME GRAVE DE PALU + HÉPATITE!!!
EN EFFET, À L'HÔPITAL...
J'AI FAIT AU PLUS VITE. COMMENT TE SENS-TU?
MIEUX MAINTENANT QUE TU ES LÀ! MAIS JE SUIS TELLEMENT FATIGUÉE...
POURTANT, J'ÉTAIS SI BIEN LÀ-BAS! MAIS... SE RENDRE MALADE... POUR UNE AIDE QUI... NE FERA PAS L'AUTONOMIE ET... ENCORE MOINS LE DÉVELOPPEMENT...
PENSE DÉJÀ À TOI, MA CHÉRIE. JE SUIS SÛRE QU'ON PEUT AIDER AUTR...
INFIRMIÈRE!! VITE, ELLE A PERDU CONNAISSANCE.
L'AIDER?!... MAIS IL FAUT PLUS QUE DE L'AIDE!
DU CALME, JEUNE HOMME. UN PEU D'OXYGÈNE VA L'AIDER!

À SUIVRE...

**Cette BD est la 2ème d'une série de 3 concernant les relations internationales, dont la coopération et l'aide.
Pour réaliser celles-ci, nous utilisons la documentation rassemblée depuis plus de 30 ans par plusieurs organismes.
Pour aider les Cédric et les Agathe à découvrir des expériences, des analyses et réfléchir, les 4 lexiques suivants forment un pont entre la BD et le site du GRAD où chaque définition sera développée.**

LEXIQUE 6

UN COUP D'ŒIL SUR

LES INSTITUTIONS ET LES PARTENARIATS

AGENCE D'AIDE

Organisme public chargé de mettre en œuvre l'Aide publique au développement (APD) d'un pays donateur ou d'un groupe de pays.

Chacune impose ses conditions et ses instruments à ses bénéficiaires.

INSTITUTIONS DE BRETTON WOODS

Ce sont le Fonds Monétaire International (FMI) et la Banque Mondiale (BM) avec ses filiales.

Créées en 1945, à Bretton Woods (USA) elles sont leaders de la coopération internationale et de la libéralisation.

NATIONS UNIES (ONU)

Créée en 1945, à San Francisco, son Assemblée générale tente d'harmoniser les intérêts de 190 nations.

Agit dans chaque pays par ses agences et ses fonds spécialisés et parfois ses casques bleus.

UNION EUROPÉENNE (UE)

Négocie des Accords de Partenariat Economique avec six groupes de pays dit ACP : Afrique (4), Caraïbes, Pacifique.

De plus en plus attentive au libre échange, l'UE fournit 60% de l'APD mondiale.

SYSTÈME D'AIDE

Ensemble des institutions, des politiques et des instruments d'aide internationale.

Devant prouver son utilité ,il est tenté de chercher en priorité sa propre efficacité.

AGENT DE DÉVELOPPEMENT

Personne employée pour mettre en œuvre une opération de développement.

Maillon du système d'aide placé entre le monde des projets et le sien propre.

COOPÉRATION INTERPROFESSIONNELLE

Activités de coopération associant les membres d'une même profession de pays différents.

Bien que concurrents , on s'associe pour s'entraider et peser sur les politiques internationales.

COOPÉRATION DÉCENTRALISÉE

Activités de coopération promues entre deux collectivités locales de pays différents.

Moyen efficace de compréhension entre les personnes quand le partenariat dépasse le financement de projets.

ONG DU SUD

Associations de droit privé agissant pour promouvoir le développement, et/ou lutter contre les injustices.

Prisées par les bailleurs de fonds, elles sont l'une des composantes des sociétés civiles.

CRITÈRES DE PARTENARIAT

Ensemble de points de vue permettant aux partenaires d'estimer la qualité de leurs relations.

Au-delà de l'évaluation des projets, ils sont utiles pour suivre l'évolution des rôles, des capacités et de l'entente.

À suivre sur www.grad-suisse.org (onglet "Pour aller plus loin")

UN COUP D'ŒIL SUR LES TYPES D'AIDES ET LES PROCEDURES

LES TYPES D'AIDES

ASSISTANCE TECHNIQUE

Envoi de techniciens étrangers au sein d'un organisme ou d'une administration.

L'équilibre est instable entre être efficace et épauler le progrès d'autrui.

AIDE ALIMENTAIRE

Dons de vivres fournis par des pays excédentaires à des populations démunies.

Indispensable en cas de famine ; dangereuse pour les producteurs locaux, si elle dure.

AIDE BUDGÉTAIRE

Don d'un bailleur de fonds versé au budget de l'Etat partenaire à certaines conditions.

Plus cohérente que l'aide-par-projet et durable si la confiance persiste.

RENFORCEMENT INSTITUTIONNEL

Appuis divers à une organisation pour qu'elle progresse durablement.

A la mode, sinon efficace car un organisme se renforce d'abord par lui-même.

FONDS NON AFFECTÉ D'AVANCE

Forme d'apport financier n'exigeant pas du partenaire qu'il en prévoit les usages exacts.

Exige un contrôle sévère mais a l'avantage de s'adapter aux évènements et aux initiatives.

LES PROCEDURES

ETUDE DE PROJET

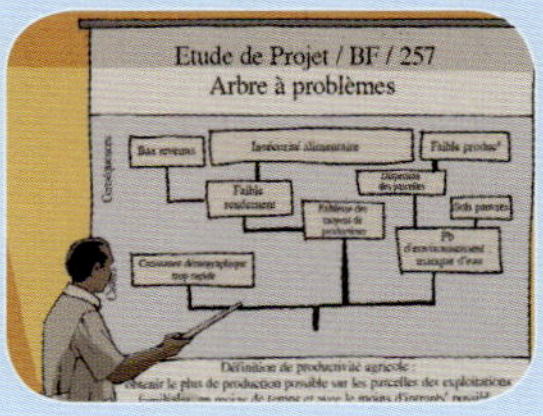

Prévision des objectifs, des activités, des moyens, du calendrier et des acteurs d'une opération d'aide.

Indispensable pour présenter une demande, elle rend rigide la mise en œuvre du projet.

GESTION DE PROJET

Négociation, exécution et évaluation d'une opération d'aide au développement.

Méthode rationnelle pour construire un pont, mais inadaptée pour combiner entre eux les efforts des gens et les apports externes.

COFINANCEMENT

Financement d'un même projet par plusieurs sources dont les ressources locales.

Par exemple, un Euro fourni par une collectivité locale peut « attirer » six autres Euros.

EVALUATION

Estimation et discussion des résultats atteints par une action et de la démarche utilisée.

Quand les « bénéficiaires » y prennent part, on parle d'autoévaluation.

MICROFINANCE

Crédits fournis à des personnes et des groupes exclus des banques.

Combine l'épargne locale, des apports externes et une caution mutuelle.

À suivre sur www.grad-suisse.org (onglet "Pour aller plus loin")